Tatjana Wolf

"Der 35. Mai" von Erich Kästner als Heranführung an die Phantastische Literatur

Besonders für Jungen geeignet?

GRIN Verlag

Bibliografische Information der Deutschen Nationalbibliothek:

Die Deutsche Bibliothek verzeichnet diese Publikation in der Deutschen National-
bibliografie; detaillierte bibliografische Daten sind im Internet über http://dnb.d-
nb.de/ abrufbar.

Impressum:

Copyright © 2012 GRIN Verlag GmbH
Druck und Bindung: Books on Demand GmbH, Norderstedt Germany
ISBN: 978-3-656-49531-4

Dieses Buch bei GRIN:

http://www.grin.com/de/e-book/232662/der-35-mai-von-erich-kaestner-als-heran-
fuehrung-an-die-phantastische

Hausarbeit zum Seminar

Kindliche Sprachentwicklung, Schriftsprache, Kinderliteratur und Neue Medien

„Der 35. Mai als Heranführung an die Phantastische Literatur - besonders für Jungen geeignet?"

Datum: 21.02.2012

Inhaltsverzeichnis

1 Einleitung

Der 35. Mai von Erich Kästner, einem der bedeutendsten Kinderbuchautoren Deutschlands, wurde schon vor 80 Jahren veröffentlicht. Und doch sind seine Kinderromane, wie „Emil und die Detektive" oder „Das Doppelte Lottchen", noch heute beliebt.

Die phantastische Geschichte von Konrad, der mit seinem Onkel Ringelhuth in die Südsee reitet, ist dagegen eher unbekannt. Trifft das Buch trotzdem das Interesse der Kinder, sodass es im Unterricht in der Grundschule behandelt werden kann? Was kann Kinder, besonders die eher weniger lesemotivierten Jungen, am *35. Mai* begeistern?

Zur Klärung dieser Fragen werden wir uns intensiv mit dem Werk beschäftigen, es analysieren und die Ergebnisse auf die didaktischen Möglichkeiten beziehen.

2 Sachanalyse

2.1 Inhalt

Das Buch „Der 35. Mai oder Konrad reitet in die Südsee" handelt von einem Donnerstagnachmittag, den Konrad wie immer bei seinem Onkel Ringelhuth verbringt. Es ist der 35. Mai, als sie auf der Straße das sprechende Pferd Negro Kaballo antreffen. Dieser ermöglicht ihnen die Reise in die Südsee, über die Konrad einen Aufsatz schreiben soll. Sein Lehrer ist der Ansicht, dass gute Rechner keine Phantasie hätten. Durch den Schrank im Korridor des Onkels gelangen sie in die phantastische Welt. Dabei durchreisen sie vier in sich geschlossene Welten, bis sie schließlich in der Südsee ankommen. Die erste Station bildet *das Schlaraffenland*, in dem ein ehemaliger fauler Klassenkamerad von Konrad regiert. Als nächstes folgen *die Burg zur großen Vergangenheit, die Verkehrte Welt* und deren Benimmschule für tyrannische Eltern, die von den Kindern geführt wird. Danach durchreisen sie die vollautomatisierte Stadt *Elektropolis*. Endlich am Ziel ihrer Reise, begegnen sie Petersilie und Häuptling Rabenaas, der ihnen die Rückreise ermöglicht. Das Pferd beschließt an diesem Ort zu bleiben. Schließlich schafft Konrad es noch, seinen Aufsatz über die Südsee zu schreiben, den der Onkel und der Leser zum Schluss lesen.

2.2 Werk- und Wirkungsgeschichte

Bereits im Vorwort zu seinem Roman „Emil und die Detektive" (1929) schrieb Kästner, dass er eigentlich einen Roman über die Südsee schreiben wollte, er aber nicht wisse, auf wie viel Beinen ein Walfisch aus dem Urwald käme. Dies müsse aber der Häuptling Rabenaas wissen, um ihn mit seinem bratapfel-gespickten Taschenmesser zu treffen.[1] Kästner hatte demzufolge schon Jahre vorher den Gedanken zum Buch „Der 35. Mai".

2.2.1 Informationen zu Erich Kästner

Erich Kästner wurde am 23.02.1899 geboren. Sein Vater Emil war Sattlermeister, die Mutter Ida Friseuse. Erich Kästner beschrieb das Verhältnis seiner Eltern als Zweckgemeinschaft. Zu seiner Mutter hatte er eine sehr enge Beziehung, das Verhältnis zum Vater hingegen war abgekühlt.

Meist vermietete die Familie Zimmer an Lehrer, die eine enge Bindung zu ihnen aufbauten. So wollte Erich Kästner schon früh Lehrer werden.

---

[1] vgl. Kästner 1982 , S. 5f.

Im Jahr 1913 wurde Erich „Schüler des Fletschernen Lehrseminars", doch kurz vor der Abschlussprüfung brach er die Schule ab. Er holte sein Abitur nach und studierte dank eines Stipendiums ab 1919 Germanistik, Geschichte, Philosophie und Theatergeschichte.

Nachdem er schon während des Studiums als Redakteur der Neuen Leipziger Zeitung arbeitete, bekam er nach seinem Studium eine feste Anstellung.

Später zog er dann nach Berlin. Erich Kästner, zu Nazizeiten verboten, blieb in Deutschland und überstand den Krieg gut, obwohl er mehrmals verhaftet wurde.

Er heiratete nie, lebte aber lange mit seiner Freundin Friedel Siebert zusammen, mit der er seinen Sohn Thomas im Jahr 1957 bekam. Nach der Trennung lebte er bis zu seinem Tod mit Luiselotte Enderle.

Seine wichtigsten Auszeichnungen waren unter anderem das Bundesverdienstkreuz und der Deutsche Literaturpreis.

Am 29.07.1974 starb Erich Kästner, erst danach gab sein Sohn Thomas im Jahr 1981 das streng gehütete Familiengeheimnis preis: Erichs Vater ist der Hausarzt Dr. Emil Zimmermann, den Erich in seinem autobiografischen Buch „Als ich ein kleiner Junge war" (1957) erwähnt.[1]

2.2.2 Illustrationen

Die heute erhältliche Ausgabe des Dressler-Verlages zeigt auf dem Einband die Illustration von Walter Trier, bei der man Konrad, Onkel Ringelhuth und das Pferd Negro Kaballo sieht. Die Abbildungen im Inneren des Buches stammen von Horst Lemke, der Kästners späterer Illustrator war. Die Bilder von Lemke wurden wahrscheinlich durch ihre große Anzahl als abwechslungsreicher für die heutzutage „stärker am Bild orientierten Kinder"[2] befunden.[3]

2.2.3 Mediale Adaptionen

Vom Nationaltheater Mannheim wurde 1986 eine Kinderoper des Romans „Der 35. Mai" uraufgeführt. Die Komposition ist von der Rumänin Violeta Dinescu.[4]

Im Jahr 2006 erschien ein Comic zu diesem Buch. Er wurde von Isabel Kreitz illustriert und erhielt 2008 den Max-und-Moritz-Preis für die "Beste deutschsprachige Comic-

---

[1] vgl. Kraus 2005, S. 4ff.
[2] Hübener 2006, S. 56.
[3] vgl. Hübener 2006, S.56.
[4] vgl. Förderverein für das Erich Kästner Museum Dresden e.V. .

Publikationen für Kinder und Jugendliche".[1]

2.3 Genreeinordnung

Schon der Titel „Der 35. Mai oder Konrad reitet in die Südsee" lässt Phantastisches erahnen. So handelt es sich bei der Gattung der phantastischen Kinder- und Jugendliteratur im engeren Sinn um ein Zwei-Welten-Modell, mit dem der Leser konfrontiert wird. Das Vorhandensein einer primären Welt, auch Alltagswelt genannt und einer sekundären Welt, des „Wunderbaren" und „phantastisch-märchenhaften Geschehens"[2], zählt für Maria Nikolajeva zu den wesentlichen Merkmalen dieser Gattung.[3] So beginnt *der 35. Mai* in der real-fiktiven Welt, in der Konrad und sein Onkel leben und die der unserer Welt, mit Gesetzmäßigkeiten und Ordnungen ähnelt. Die Sekundärwelt zeichnet sich durch das Reisemotiv und die fünf in sich geschlossenen Welten aus. So weist die phantastische Kinder- und Jugendliteratur, nach Nikolajeva, drei grundlegende Merkmale auf: „ Anwesenheit von Magie, die Verletzung von Naturgesetzen und das Gespür für das unerklärliche Wunder"[4]. Magie ist schon notwendig um überhaupt die Reise zur Südsee antreten zu können und zurück zu gelangen. Wobei hier das *sprechende* Pferd schon allein empirische Gesetzmäßigkeiten außer Kraft setzt und die Reise einleitet. Trotz allem bleibt diese Reise unerklärlich, denn auch Beweisstücke, wie der Lendenschurz aus der Südsee, verschwinden wieder.[5] Primär- und Sekundärwelt können in drei unterschiedlichen Beziehungen zueinander stehen. Neben der „geschlossenen" und „implizierten" Welt, gibt es noch die „offene Welt".[6] Bei diesem Modell „handelt es sich um eine ausformulierte, räumlich-zeitlich abgetrennte Sekundärwelt, die Kontakt zu Primärwelt hat."[7] In Kästners Roman haben der Onkel und Konrad, als Vertreter der primären Welt, Kontakt zur sekundären Welt, die durch den Schrank voneinander getrennt sind. Bei der Form der offenen sekundären Welt fällt der „phantastische Schwelle"[8] eine besondere Wichtigkeit zu. Sie fungiert als Übergangs- oder Umsteigepunkt zwischen primärer zu sekundärer Welt, wie der Schrank Ringelhuths.[9]

Ein wichtiges Element des Romans ist die Komik. Durch seinen Witz und seine Ironie

---

[1] vgl. Carlsen Verlag GmbH.
[2] Krüger 1960, zit. n. Haas/ Klingberg 1984, S. 269.
[3] vgl. Rank 2011, S. 175 und Glasenapp/ Weinkauff 2010, S. 103.
[4] Rank 2011, S. 175.
[5] vgl. Kästner 1988, S. 177.
[6] vgl. Rank 2011, S. 176.
[7] Rank 2011, S. 176.
[8] Glasenapp/ Weinkauff 2010, S. 105.
[9] vgl. Rank 2011, S. 176 und Glasenapp/ Weinkauff 2010, S. 105.

ist es Kästner möglich, Gegenwelten zu seiner und Konrads Welt aufzuzeigen. Zum einen verwendet Kästner Sprachkomik, er verunstaltet Namen und bringt gefährliche Haifische und das verniedlichende Wort „necken" in Verbindung. Zum anderen liegt häufig eine Situationskomik vor, wie die parodistische Darstellung der Helden der Vergangenheit, das sprechende Pferd in der primären Welt, oder auch die Szene zwischen Onkel und Neffe, als sie sich gegenseitig verwandeln (wollen).[1] Aus diesem Grund wird *der 35. Mai* konkret der komisch-phantastischen Kindererzählung als Subgenre zugeordnet.

2.4 Sachstruktur

Das Buch ist in sieben Kapitel unterteilt, die mit thematischen Überschriften versehen sind. Der Roman wird chronologisch erzählt und beginnt in der primären Welt. Die Wohnung des Onkels ist mit dem Wandschrank im Korridor Ausgangs- und Zielpunkt der Reise in die phantastische Welt. Somit bildet die reale Welt einen „erzählerischer Quasi-Rahmen"[2], der sich um die Reise schließt. Aber es ist keine klare Abgrenzung zwischen realer und phantastischer Welt möglich. So wie in der „realen" Welt phantastische Elemente, wie das sprechende Pferd auftreten, werden auch in der „phantastischen" Welt immer wieder Bezüge zur Realität hergestellt, oftmals durch Personen oder Vergleiche.

Der Inhalt ist deckungsgleich mit der Struktur und Gliederung in sieben Kapiteln. Das erste und letzte Kapitel spielen in der primären Welt. Die fünf anderen beinhalten jeweils für sich eine Station der phantastischen Reise und ergeben die Binnenhandlung. Eine neue Station wird immer mit einem Schild, das sich vom üblichen Textfluss abhebt, gekennzeichnet. Außerdem treten noch Binnenerzählungen auf, wie der Bericht des Onkels über die Reise und Konrads Aufsatz über die Südsee.

Jede einzelne phantastische Station besitzt einen eigenen Spannungsbogen, durch dramatische Szenen, wie die Verwandlung von Onkel und Neffe im Schlaraffenland. Aber insgesamt wird die Handlung durch das Ziel, die Südsee und den zu schreibenden Aufsatz, zusammengehalten und bewirkt dadurch einen größeren Spannungsbogen.[3]

Erzählt wird die Geschichte durch einen auktorialen Ich-Erzähler, der durch Vorausdeutungen, sowie Rückblenden sein Allwissen zu erkennen gibt. Die Sprache ist in der Standardsprache bis hin zur Umgangssprache („'Scheren sie sich zum

---

[1] vgl. Hübener 2006, S. 70.
[2] Hübener 2006, S. 54.
[3] vgl. Hübener 2006, S. 55.

Kuckuck!"" S. 70) gehalten und zeichnet sich durch häufige direkte Rede aus. Generell wirkt die Sprache charakterisierend. Das gebildete Pferd drückt sich stets vornehm aus. Und auch der Aufsatz von Konrad beinhaltet zur Wahrung der Authentizität Fehler in der Orthographie und Grammatik.

2.5 Sinnpotential

Der Onkel scheint anstatt der phantasielosen Eltern eine wichtige Bezugsperson für Konrad zu sein, so wird er auch in seiner Wohnung in die Phantasiewelt eingeführt. Durch fünf Gegenwelten zu Konrads und seiner Welt übt Kästner Gesellschaftskritik aus, es werden zahlreiche Themen angesprochen und kritisch reflektiert. Der Märchenmythos vom *Schlaraffenland* mit all seinen Annehmlichkeiten – Essen im Überfluss und Faulheit- wird aufgegriffen. Zudem auch die Diskrepanz zwischen der real-fiktiven und phantastischen Welt, in der Mangel für viele unfreiwillige Beschäftigungslose herrscht. Überdies wird der Umgang mit Phantasie aufgegriffen. Einerseits der Einfallsreichtum, aber auch die sinnlose und gefährliche Seite werden herausgestellt, wie das Erschaffen eines Löwen oder das gegenseitige Ärgern von Onkel und Neffe.[1]

Die Burg zur Großen Vergangenheit konfrontiert den Leser mit dem historischen Heldentum. Die bekannten, großen Herrscher und Generäle werden parodistisch dargestellt. So ist Hannibal ein verweichlichter General, der ohne Rücksicht auf Verluste, um der falsch verstandenen Ehre und Ehrgeizes wegen Krieg führt. Demnach wird die Ansicht vermittelt, dass die meisten Heerführer aus sehr fragwürdigen und egoistischen Motiven und verantwortungslos handelten. Zudem wird das Kriegspielen, mit militaristischem Spielzeug von den Eltern, der oftmals vergessenen Ernsthaftigkeit des Krieges gegenübergestellt. Dadurch kann es verharmlost werden.

In der *Verkehrten Welt* sind die Machtverhältnisse umgedreht. Kinder arbeiten und regieren und Erwachsenen lernen und werden erzogen. Es wird ein gesellschaftliches Tabuthema aufgegriffen: psychische und physische Misshandlung von Kindern durch die Eltern. In der Benimmschule werden diese in derselben Art und Weise behandelt wie sie ihre Kinder behandelten, was eine Verhaltensänderung bewirken soll. Am Beispiel von Babette wird allerdings deutlich, dass dieses System zwiespältig ist. Ambivalente Gefühle können auftreten: trotz der Vernachlässigung und fehlender Liebe, leidet sie mit ihrer Mutter, weil sie sie liebt.[2] Es ist offensichtlich, dass Vergelten von Gleichem mit

---

[1] vgl. Kästner 1988, S. 51.
[2] vgl. Kästner 1988, S. 86.

Gleichem keine ideale Möglichkeit für eine Verbesserung der Situation ist. Aber es wird deutlich, dass das Phänomen der Misshandlung in allen sozialen Schichten auftritt, wie der Fleischermeister und Justizrat zeigen.

Durch *Elektropolis* wird ein zukünftiges Gegenbild entworfen. Die große Aktualität zeigt sich durch die Vollautomatisierung, was viele Arbeitsplätze, wie Konrads Traumberuf, überflüssig macht. Es findet eine unaufhaltsame Technisierung statt, die allerhand erleichtert, aber auch Zukunftsängste in sich birgt. Zudem wird auch die Gefahr und Unkontrollierbarkeit der Technik, sowie die Anonymität – es treten insgesamt nur zwei Personen ohne namentliche Nennung auf - in der industriellen Gesellschaft sichtbar, sodass sich diese Stadt selbst zerstört.

Die *Südsee*, das Ziel der Reise, verkörpert das „exotische Bild, der unberührten Natur".[1] Es gibt keine Technik, eine Vielfalt von Pflanzen und Tieren, die zum Teil menschliche Züge tragen, wie Kängurus, die stricken und Skat spielen.[2] Zum einen fast märchenhaft, die Harmonie der Tiere und Menschen, wie Häuptling Rabenaas, der sich seiner Umwelt gegenüber zuvorkommend verhält. Zum andern wird aber auch die Vorstellung des Kannibalismus der fremden Völker aufgegriffen.[3] Schließlich bleibt das Pferd, dem Motto „Zurück zur Natur!"[4] folgend, in der Südsee und legt alles unnatürliche, wie das Sprechen ab.

Mit der Ankunft in der real-fiktiven Welt hört das Phantastische aber nicht auf. Durch den Bericht des Onkels und Konrads lebt es quasi weiter. Der Ort für Ideen und Phantasien, die sonst vielleicht nirgends Platz finden, können in der Literatur ausgelebt werden. Letztlich heißt es, dass jedes System sorgsam geprüft werden muss, aber neue Ideen entwickelt werden dürfen.

---

[1] Hübener 2006, S. 53.
[2] vgl. Kästner 1988, S. 125.
[3] vgl. Kästner 1988, S. 141: „als Sonntagsbraten anbieten".
[4] Kästner 1988. S. 137.

3 Methodisch-Didaktische Überlegungen

3.1 Alters- und geschlechtsspezifische Aspekte

Durch die Erfurter Studie ist bekannt, dass die Lesemotivation für die Lektüre von Büchern und Geschichten von Jungen deutlich geringer ist als die der Mädchen.[1] Bei den beliebtesten Freizeitbeschäftigungen liegt das Lesen bei den Jungen auf Platz 4, bei den Mädchen dagegen auf Platz 2.[2] Das zeigt, dass die Lektüreauswahl sehr sorgfältig getroffen werden muss um auch Lesefreude bei den Jungen zu wecken. Eine weitere Erkenntnis der Studie ist außerdem, dass Abenteuer- und Phantasiegeschichten mit 64% und 45% zur Lieblingslektüre der Kinder gehören und das relativ geschlechtsunabhängig.[3] So bieten „[...] phantastische Strukturen, wie sie durch Rowling und partiell auch durch Ende gewählt werden, die größte Chance für die Möglichkeit geschlechtsübergreifender Präferenzen [...]"[4]. Da *der 35. Mai* zur Phantastik gehört und auch eine abenteuerliche Reise enthält, spricht es vermutlich Mädchen und besonders auch die Jungen an. Zudem begeistern sich Jungen eher für Geschichten mit männlichen Protagonisten.[5] Drei männliche Hauptfiguren spielen in der Geschichte mit, wodurch das Buch auch Jungen erreicht. Darüber hinaus ist Erich Kästner ein bei den Kindern beliebter Autor, womit eine weitere Grundlage dafür gelegt ist, dass diese Geschichte beide Geschlechter anspricht.

Allerdings ist das Buch durch die Ironie, die Gesellschaftskritik, die sich im Sinnpotential zeigt und die Nennung von geschichtlichen Persönlichkeiten, schwieriger zu verstehen. Um ein umfassendes Verständnis und gelingendes Arbeiten mit der Literatur zu ermöglichen, so dass die Kinder auch die Komik, den Witz und die kritische Auseinandersetzung mit der Gesellschaft nachvollziehen und rezipieren können, sollte es frühestens ab der Klassenstufe 3, besser aber in der 4. Klasse behandelt werden.

3.2 Bedeutung des Textes im kindlichen Interessenspektrum

Der Grundstein für das Interesse der Kinder am Buch ist schon Dank der Illustration auf dem Einband gelegt. Das Bild mit Konrad und dem etwas drollig aussehenden Onkel Ringelhuth, die auf dem Rollschuh fahrenden Pferd Negro Kaballo reiten, verspricht eine komische Geschichte.

---

[1] vgl. Richter, Plath 2005, S. 43.
[2] vgl. Richter, Plath 2005, S. 51.
[3] vgl. Richter, Plath 2005, S. 64.
[4] Richter, Plath 2005, S. 73.
[5] vgl. Plath 2007, S. 11.

Die Komik ist auch das, was sich wie ein roter Faden durch das ganze Buch zieht. Hiermit werden die Ernsthaftigkeiten, die dieses Buch behandelt, immer wieder unterbrochen.

Onkel Ringelhuth, das Bindeglied zwischen Kinder- und Erwachsenenwelt, ist ein bisschen verrückt und lustig, aber kümmert sich liebevoll um seinen Neffen Konrad. Seine Experimentierfreude und sein Ideenreichtum können den Leser begeistern und belustigen. Sprachwitz und Situationskomik gestalten die Lektüre abwechslungsreich und unterhaltsam, sodass es ein die Lesefreude der Kinder fördert. Genauso weckt vermutlich das sprechende Pferd, das Rollschuh fährt, als phantastisches Element das Interesse der Schüler.

Vor allem die Tatsache, dass es sich um eine phantastische Reise handelt, die ausgefüllt ist mit abenteuerlichen und überraschenden Momenten, dürfte die Aufmerksamkeit der Kinder positiv beeinflussen, da es zu ihrem bevorzugten Genre gehört.

Die fünf verschiedenen Stationen der Reise, zeigen Möglichkeiten, wie eine Gesellschaft noch aussehen könnte. Dabei werden Wünsche und Phantasien der Kinder angesprochen, da es an kindliche Vorstellungen angelehnt ist. So lockt das *Schlaraffenland* zum Beispiel mit Nichtstun und vielen Leckereien. Es ist ein weit verbreiteter, bekannter und beliebter Mythos. Die *Verkehrte Welt* greift die Idee des Regierens durch die Kinder auf. Die Vorstellung ist für sie wahrscheinlich sehr reizvoll. Nicht mehr festgelegt und bestimmt zu werden durch die Eltern, sondern selbst zu ,herrschen', aber auch die Verantwortung für das Handeln zu übernehmen, stellt ein spannendes und anregendes Gedankenspiel für Kinder dar. Wobei in dieser Station auch ein Tabuthema anklingt, womit sich der ein oder andere identifizieren kann. Es wird angesprochen, dass egal welche soziale Schicht, Kinder auch vernachlässigt werden und nicht viel Liebe der Eltern erleben. Karin Richter schreibt in „Kinderliteratur im Literaturunterricht der Grundschule" (2007), dass oftmals beim Behandeln von Tabuthemen, die Schüler sehr gesprächsbereit waren und Gesprächsbedarf bestand.[1] So könnte sich auch mit diesem aktuellen Thema, welches weniger aufgegriffen wird, aber die Kinder durchaus beschäftigt, auseinandergesetzt werden.

Für Geschichtsliebhaber wird es möglich berühmte „Helden" der Vergangenheit kennenzulernen, aber auch ihr Handeln kritisch zu hinterfragen. Und *Elektropolis* wirkt spannend und faszinierend durch die technische Entwicklung und die Vorhersagen, die Kästner getroffen hat. So sind auch einige bereits realisiert, wie die Laufbänder oder

---

[1] vgl. Richter 2007, S. 221 f.

auch das „Taschentelefon" alias Handy. Besonders Jungen dürfte diese Welt ansprechen, da sie sich für Autos und Technik allgemein mehr interessieren als Mädchen.[1]

Zudem können sich die Kinder wohl mit Konrad identifizieren. Er ist ein Schüler, gut im Rechnen, aber anscheinend weniger gut im Schreiben. Und so oder umgekehrt ergeht es denkbar vielen Schülern. Daher muss er einen phantasievollen Aufsatz schreiben, was ihm zu Beginn sichtlich schwer fällt. Darin können sich die Schüler sicherlich wiedererkennen und verstanden fühlen, denn es kann vorkommen, dass Aufgaben verlangt werden, die auf den ersten Blick langweilig und schwer wirken. Doch Konrad erlebt mit Hilfe seines Onkels ein phantastisches Abenteuer, was ihm womöglich sonst entgangen wäre.

Schließlich können die unterschiedlichen und vielfältigen Welten mit ihren jeweiligen Möglichkeiten und Grenzen, Kinder zum eigenen Phantasieren anregen. Sie entdecken vielleicht eigene Wünsche für ihre Lebenswelt, die aufgegriffen und im Buch verwirklicht wurden und andere noch nicht. Die Lektüre könnte eine Reise werden, in der sie ihre eigenen Sehnsüchte und Ängste besser kennenlernen, aber auch behutsam mit der realen Welt und deren Problemen konfrontiert werden. Denn durch die Komik und das Phantastische wird eine gewisse Distanz zur Wirklichkeit geschaffen und weitet den Blick. So würden die Kinder vielleicht auch angeregt, selbst Ideen für eine phantastische Welt zu entwickeln, in der sie ihren Wünschen freien Lauf lassen können, aber auch Lernen können abzuwägen was gut und nicht gut ist.

3.3 Konkrete didaktische Vorschläge

1) Um die Kinder mit dem Buch vertraut zu machen, bietet es sich an, das erste Kapitel „Es war am 35. Mai" vorzulesen. Hierbei ist es von Bedeutung, dass das spannende Erzählen und Vorlesen für die Kinder eine schöne und lesemotivierende Erfahrung ist. Spätestens nach der Erfurter Studie ist bekannt, dass das Vorlesen für die Grundschüler sehr wichtig ist, aber im Alltag viel zu kurz kommt[2]. Nach einem Bericht von Kristin Wardetzky „[sollte] das Erzählen in der Grundschule […] zur selbstverständlichen, täglichen Erfahrung der Schüler gehören"[3].

2) Am Übergangspunkt von der real-fiktiven zur phantastischen Welt, den der Schrank auf dem Flur des Onkels darstellt, wäre eine Gelegenheit, die Kinder an die Phantastische Literatur heranzuführen. Zusammen mit den Schülern wertet man das

---

[1] Richter/ Plath 2005, S. 67: „Jungen favorisieren Sachtexte zum Thema ‚Sport' […] und zu Fahrzeugen […]. 9 von 12 Nennungen zu Rubrik, Technik und Wissenschaft' erfolgen durch Jungen."
[2] vgl. Richter/Plath 2005, S. 86-90.
[3] Wardetzky 2009, S. 321.

Vorgelesene aus, sie sollen begreifen, dass diese primäre Welt der unseren gleicht. Bis auf das sprechende Pferd Negro Kaballo ist diese Welt den uns bekannten Gesetzmäßigkeiten unterlegen. Zudem kann man an eventuelles Wissen aus anderen Büchern oder Filmen anknüpfen, beispielsweise „Die Chroniken von Narnia", ebenfalls mit dem Schrank als Umsteigepunkt zwischen den Welten. Auch durch das weit verbreitete und beliebte Buch „Harry Potter" lässt sich an vorhandenes Wissen über das Zwei-Welten-Modell anknüpfen. Die Schüler sollen anhand der ihnen bekannten Geschichten die Merkmale einer sekundären Welt, wie beispielsweise die Magie, die Verletzung der Naturgesetze und eigenen Gesetzmäßigkeiten erkennen.

3) Nach der Lektüre des zweiten Kapitels „Eintritt frei! Kinder die Hälfte!" haben die Schüler eine Station der Reise kennengelernt. Nun könnte der Arbeitsauftrag lauten, dass sie in kleinen Gruppen (3-4 Personen) eine eigene Welt erfinden sollen. An diesem Punkt besitzen sie bereits eine Vorstellung davon, wie eine Station der Reise aussehen kann. Somit werden sie angeregt und teilweise eingeschränkt. Gleichzeitig sind sie in ihren Ideen noch nicht allzu voreingenommen und beeinflusst, da sie die anderen Stationen nicht kennen und ihnen viele Möglichkeiten zu Verfügung stehen. Dabei dürfen die Gruppen selbst entscheiden, ob sie ihre Welt künstlerisch umsetzen, als Bild oder in Schriftform oder in einer ganz anderen Variante. So können die Kinder ihrer Kreativität und Phantasie freien Lauf lassen. Dabei bietet die Gruppenarbeit eine gute Abwechslung zum normalen Unterricht. Währenddessen üben sie sich im Erwerb sozialer Kompetenzen, wie Teamfähigkeit und Kompromissbereitschaft.

Der Gruppenarbeit folgt das Vorstellen der Arbeitsergebnisse, wodurch die Schüler ihr Selbstbewusstsein stärken und ihr sprachliches Ausdrucksvermögen gefördert wird. In ihre erfundenen Welten haben die Schüler wahrscheinlich persönliche Wünsche und Vorstellungen einfließen lassen, sodass danach ein Gespräch darüber geführt werden kann, was die Kinder vom Buch noch erwarten.

4) Um auch das freie Schreiben zu fördern, wäre eine Aufgabenmöglichkeit, die Schüler den Aufsatz an der Stelle Konrads zu verfassen, bevor sie diesen gelesen haben. Sie dürfen dabei auswählen ob sie aus der Perspektive des Onkels, des Pferdes oder Konrads über die Reise schreiben wollen. Dadurch reflektieren sie noch einmal die Reise, mit all ihren Stationen und Erlebnissen, aber auch die Figurenkonstellation muss in den Blick genommen werden und sie müssen sich in

die Gedanken und Gefühle der Figur hineinversetzen. Das Ziel dieser Aufgabe soll die individuelle Auseinandersetzung mit dem Roman und einem Protagonisten sein, sodass sie zu einem tieferen Verständnis des Gelesenen gelangen. Weiterhin trainieren sie ihre Gedanken in schriftlicher Form auszudrücken und eigene Texte zu schaffen.

5) Als Abschlussaufgabe entscheidet sich jedes Kind für seine bevorzugte Welt, dabei sollten positive und negative Seiten einer Station abgewogen werden. Danach bilden die Schüler, welche dieselbe Welt gewählt haben, eine Gruppe und tragen ihre Gründe für ihre Wahl gemeinsam zusammen. Dabei werden Interessen der Schüler deutlich und kritisch reflektiert, warum diese Welt der Favorit ist. Nachdem jede Gruppe ihre Entscheidung begründet hat, kann eine Diskussion angeleitet werden über die verschiedenen Modelle, die in der phantastischen Reise gezeigt werden. Vor allem die am wenigsten ausgewählte Welt bietet großen Gesprächsbedarf, denn sie birgt vielleicht langweiliges oder abstoßendes, sodass über Gesellschaftskritik nachgedacht werden kann und Missstände zur Sprache kommen können. Dies kann als Einführung in die kritische Auseinandersetzung mit der eigenen Umwelt gesehen werden.

4 Fazit

Nach unserer Analyse des Buches sind wir der Ansicht, dass *der 35. Mai* durchaus für die Behandlung in der Grundschule geeignet ist, allerdings durch die tiefere Bedeutungsebene erst in der 4. Klasse. Aufgrund seiner Aktualität wird das Interesse der Kinder geweckt und bietet Gesprächspotential für den Unterricht. Durch die klassisch vorhandene Struktur der phantastischen Kinder- und Jugendliteratur ist es ein gutes Beispiel, um in die Schüler mit diesem Genre vertraut zu machen. Durch das phantastische Abenteuer, den Witz und die männlichen Protagonisten, bietet *der 35. Mai* auch und vor allem für die Jungen ein sehr lesemotivierendes Erlebnis.

Gerade die Schlüsselaussagen des Buches sind auch an Erwachsene gerichtet, aus diesem Grund ist *der 35. Mai* auch für die Lehrer sehr lesenswert. Die Begeisterung des Lehrers für dieses Buch würde sich auf seine Schüler übertragen können, was die Grundlage für eine positive Leseerfahrung der Kinder darstellt.

Das Buch, vorher auch für uns unbekannt, war eine sehr ansprechende Lektüre, die uns dazu animierte, allgemein auch wieder mehr zu Büchern von Erich Kästner zu greifen und in diese Welt einzutauchen.

5 Literaturverzeichnis

CARLSEN Verlag GmbH. Isabel Kreitz:
http://www.carlsen.de/web/person?id=30046 [15.02.2012]

Förderverein für das Erich Kästner Museum Dresden e.V.; Theater, Film, Kabarett und Hörspiel:
http://www.erich-kaestner-
museum.de/index.php?option=com_content&view=article&id=41:2-3-3-theater-film-
kabarett&catid=39:sekundaertexte&Itemid=95 [15.02.2012]

Glasenapp, Gabriele v. / Weinkauff, Gina (2010): Kinder- und Jugendliteratur.
Paderborn: Schöningh.

Haas, Gerhard/ Klingberg, Göte/ Tabbert, Reinbert (1984): Phantastische Kinder- und
Jugendliteratur. In: Hass, Gerhard (Hrsg.): Kinder- und Jugendliteratur. Ein Handbuch.
Stuttgart: Reclam (3., völlig neu bearbeitete Auflage).

Hübener, Andrea (2006): Erich Kästner. Kinder- und Jugendbücher in der Grundschule
und Sekundarstufe 1. Kinder- und Jugendliteratur im Unterricht. Band 4.
Baltmannsweiler: Schneider Verlag Hohengehren.

Kästner, Erich (2004): Der 35. Mai oder Konrad reitet in die Südsee. München: Dtv.

Kästner, Erich (1988): Der 35. Mai oder Konrad reitet in die Südsee. Berlin:
Kinderbuchverlag (2. Auflage).

Kästner, Erich (1982): Emil und die Detektive. Berlin: Kinderbuchverlag.

Kraus, Franziska (2005): Kästner, Erich: Chronist seiner Zeit – biographische
Anspielungen in seiner Literatur. Norderstedt: GRIN Verlag.

Krüger, Anna (1960): Das fantastische Buch. In: Jugendliteratur, S. 343-363.

Plath, Monika (2007): Wie sehen Jungen und Mädchen ihre Märchenhelden?
Geschlechtsspezifische Märchenvorlieben und Konsequenzen für den Unterricht. In:
Grundschule: Magazin für Aus- und Weiterbildung. Braunschweig, Westermann: Bd.
39. Heft 7/8, S. 10-12.

Rank, Bernhard (2011): Phantastische Kinder- und Jugendliteratur. In: Lange, Günter
(Hrsg.): Kinder- und Jugendliteratur der Gegenwart. Ein Handbuch. Baltmannsweiler:
Schneider Verlag Hohengehren, S. 168-192.

Richter, Karin/ Plath, Monika (2005): Lesemotivation in der Grundschule. Empirische
Befunde und Modelle für den Unterricht. Weinheim und München: Juventa Verlag.

Wardetzky, Kristin (2009): Bilder der Brisanz. Erzählen als theatraler Akt in der Schule.
In: Schneider, Wolgang (Hrsg.): Theater und Schule. Ein Handbuch zur kulturellen
Bildung. Bielefeld: transcript Verlag, S. 317-329.

Lightning Source UK Ltd.
Milton Keynes UK
UKHW030833030821
388241UK00008B/416